FROM THE

MILK HOUSE
TO THE
WHITE HOUSE

De la Granja Lechera
a la Casa Blanca

Written by (escrito por) Christine Telesz Siddall

Illustrated by (ilustrado por) Ashley Plummer

Translated by (traducido por) Debra R. Sanchez

Tree Shadow Press

Tree Shadow Press
www.treeshadowpress.com

ISBN: 978-1-948894-35-7

ACKNOWLEDGEMENTS

Special thanks to my Uncle Tom. Ever since I was able to remember, he always took care of the cats and kittens on the farm, along with all the other animals. Thank you to my brother Rick for hosting Dr. Jill the day Tommy/Tommi Girl walked into her life. Thank you to Jodi for the encouragement and assistance in writing this short story and to everyone else who supported me.

Dedicated to all farm families.

AGRADECIMIENTOS

Un agradecimiento especial a mi tío Tom. Desde que tengo uso de razón, siempre cuidó de los gatos y gatitos de la granja, junto con todos los demás animales. Gracias a mi hermano Rick por invitar a la Dra. Jill el día que Tommy/Tommi Girl entró en su vida. Gracias a Jodi por animarme y ayudarme a escribir esta breve historia y a todos los que me han apoyado.

Dedicado a todas las familias agrícolas.

"Wow! It's really cold outside this morning," Tommy said to Louie and Jack, the other two cats who hung around the milk house.

"Yes, first snowfall of winter," Jack replied. "Look. Here come Farmer Tom and Farmer Rick with fresh cow's milk for us."

"It's kind of early for them. Maybe it is going to be a busy day at the farm. That's okay, as long as we get some warm breakfast." Louie said.

"¡Vaya! Hace mucho frío fuera esta mañana", dijo Tommy a Louie y Jack, los otros dos gatos que rondaban el establo del lechero.

"Sí, la primera nevada del invierno", respondió Jack. "Mira. Aquí vienen el granjero Tom y el granjero Rick con leche de vaca fresca para nosotros".

"Es un poco temprano para ellos. Tal vez vaya a ser un día muy ocupado en la granja. Está bien, siempre que tengamos un desayuno caliente". dijo Louie.

"That was a good breakfast," Tommy purred.

"There is nothing like warm milk on a cold day," Jack added.

The three friends purred and licked their paws.

With their bellies full, they soon curled up and settled down for a morning nap.

"Qué buen desayuno", ronroneó Tommy.

"No hay nada como la leche caliente en un día frío", añadió Jack.

Los tres amigos ronroneaban y se lamían las patas.

Con las barrigas llenas, no tardaron en acurrucarse y acomodarse para una siesta matutina.

Busy noises woke Tommy and her friends.

The three of them peered out of the glass milk house doors.

"What's happening? Who are those people? Why are they wearing fancy suits, topcoats, and shiny shoes? This is a farm. They should be wearing sweatshirts and boots." Tommy scampered to the door and said, "I'm investigating."

Los ruidos de la actividad despertaron a Tommy y a sus amigos.

Los tres se asomaron a las puertas de cristal de la granja lechera.

"¿Qué está pasando? ¿Quiénes son esas personas? ¿Por qué llevan trajes elegantes, abrigos y zapatos brillantes? Esto es una granja. Deberían llevar sudaderas y botas". Tommy corrió hacia la puerta y dijo: " Voy a investigar".

"I don't know, Tommy," Jack said. His tail puffed and the hair on his back stood on end. "Do you really think you should go out? There are so many strangers out there. You are so nosy, Tommy!"

Louie said, "Be careful! There are German Shepard dogs sniffing around the cars."

Tommy said, "I'm going. You guys hang around the milk house. I'll go see what all the activity is about. I'll let you know later when I get back. And don't worry, Farmer Tom will protect me from all those people. And, from those dogs."

"No lo sé, Tommy", dijo Jack. Se le hinchó la cola y se le erizó el pelo de la espalda. "¿De verdad crees que deberías salir? Hay tantos extraños por ahí. Eres muy entrometida, Tommy".

Louie dijo: "¡Ten cuidado! Hay perros Shepard alemanes husmeando alrededor de los coches".

Tommy dijo: "Me voy. Ustedes quédense en la granja lechera. Yo iré a ver por qué hay tanta actividad. Les avisaré más tarde, cuando regrese. Y no se preocupen, el granjero Tom me protegerá de esa gente. Y de esos perros".

Tommy strolled past the back barn, and a line of parked big black cars, toward the red garage. She stopped and listened as Farmer Rick introduced a pretty lady, named Dr. Jill.

The crowd cheered and applauded enthusiastically.

"Wonder what is so exciting about her?" Tommy thought.

Dr. Jill spoke to the people from a plywood platform.

"Huh," Tommy said to herself, "I bet I can get just as much attention as her."

Tommy pasó por delante del granero trasero, y de una fila de grandes coches negros aparcados, hacia el garaje rojo. Se detuvo y escuchó cuando el granjero Rick presentó a una bonita dama, llamada Dra. Jill.

La multitud vitoreó y aplaudió con entusiasmo.

"Me pregunto qué es tan excitante acerca de ella". Tommy pensó.

La Dra. Jill habló a la gente desde una plataforma de madera.

"Huh", dijo Tommy para sí mismo, "apuesto a que puedo conseguir tanta atención como ella".

Tommy strutted across the wooden platform with her tail and head high.

"Oh, look at that cat!" someone said.

"Awe," someone else commented.

Some people smiled, others laughed.

Tommy purred loudly, satisfied with the response.

"That was fun. Where's Farmer Tom sitting? He should be ready for my cuddle time on his lap now."

Tommy se pavoneó sobre la plataforma con su cola y cabeza en alto.

"¡Mira qué gato!", dijo alguien.

"¡Ah!", comentó otra persona.

Algunas personas sonrieron, otras se rieron.

Tommy ronroneó con fuerza, satisfecho con la respuesta.

"Eso fue divertido. ¿Dónde está sentado el granjero Tom? Él debe estar listo para mi tiempo de mimos en su regazo".

After everyone left, Tommy returned to see Jack and Louie at the milk house. She told them about her adventure with Dr. Jill.

Louie said, "Oh my, Tommy, she's the wife of that guy who's running for President. Don't you remember Farmer Rick and Farmer Tom talking about them? Tommy, what trouble have you caused?"

Cuando todos se fueron, Tommy volvió a ver a Jack y Louie en la granja lechera. Les contó su aventura con la Dra. Jill.

Louie dijo: "Vaya, Tommy, es la esposa de ese tipo que se presenta a la presidencia. ¿No recuerdas al granjero Rick y al granjero Tom hablando de ellos? Tommy, ¿qué problemas has causado?"

Several days later, Farmer Tom plucked Tommy from the hay. As he stroked her beneath her chin, he said, "Remember that pretty lady you interrupted the other day? The one on the stage? Well, she wants to adopt you. You will be moving to a place called the White House. Don't worry, you will be well taken care of and loved."

She wasn't sure what Farmer Tom was talking about, but Louie and Jack got real upset and said, "See what you did? You had to be so nosy. Now, you're leaving us."

Varios días después, el granjero Tom sacó a Tommy del heno. Mientras le acariciaba por debajo de la barbilla, le dijo: "¿Recuerdas a esa bonita dama que interrumpiste el otro día? ¿La del escenario? Pues quiere adoptarte. Te mudarás a un lugar llamado la Casa Blanca. No te preocupes, te cuidarán bien y te querrán".

Ella no estaba segura de qué hablaba el granjero Tom, pero Louie y Jack se enfadaron mucho y dijeron: "¿Ves lo que has hecho? Tenías que ser muy entrometido. Ahora nos dejas".

A few weeks later, the three cats lounged in the milk house.

Louie said, "Here come the farm veterinarians, Dr. John and Dr. Heather."

Jack suggested "Must be a sick cow."

"Why else would they be here?" Tommy agreed.

Farmer Tom came into the milk house and picked Tommy up and handed her to the veterinarians.

Tommy meowed.

"Tommy, Dr. John and Dr. Heather want to examine you to make sure you are okay to travel to your new home. Be good for them. I will give you and your buddies a treat" said Farmer Tom as he scratched behind her ear to comfort her.

Excited for the treat promised by Farmer Tom, Louie and Jack sat quietly and watched.

Unas semanas más tarde, los tres gatos descansaban en la granja lechera.

Louie dijo: "Ahí vienen los veterinarios de la granja, el Dr. John y la Dra. Heather".

Jack sugirió: "Debe ser una vaca enferma".

"¿Por qué iban a estar aquí si no?" Tommy estuvo de acuerdo.

El granjero Tom entró en la granja lechera, levantó a Tommy y se la entregó a los veterinarios.

Tommy maulló.

"Tommy, el Dr. John y la Dra. Heather quieren examinarte para asegurarse de que estás bien para viajar a tu nuevo hogar. Pórtate bien con ellos. Les daré a ti y a tus compañeros una golosina", dijo el granjero Tom mientras le rascaba detrás de la oreja para reconfortarla.

Emocionados por la golosina prometida por el granjero Tom, Louie y Jack se sentaron tranquilamente a observar.

After Farmer Tom and the veterinarians left, Tommy's friends flicked the tips of their tails and turned to leave Tommy alone.

Louie said, "We told you not to be so nosy."

"Why did you have to interrupt that lady? Now you have to leave the farm," Jack moaned.

"Leaving the farm...and us, your family," Louie added.

Tommy watched her friends leave. She started to follow, but sat down to lick her paw and wipe her eyes

Cuando el granjero Tom y los veterinarios se marcharon, los amigos de Tommy sacudieron las puntas de sus colas y dejaron a Tommy sola.

Louie dijo: "Te dijimos que no fueras tan entrometida".

"¿Por qué tuviste que interrumpir a esa señora? Ahora tienes que dejar la granja", gimió Jack.

"Dejar la granja... y a nosotros, tu familia", añadió Louie.

Tommy observó cómo se marchaban sus amigos. Empezó Empezó a seguirlos, pero se sentó para lamerse la pata y limpiar sus ojos.

Things calmed down on the farm, and life went back to normal for the three cat friends.

They continued their normal cat lives and nobody gave any more thought about the adoption of one of their own.

Soon, though, things changed.

Las cosas se calmaron en la granja y la vida volvió a la normalidad para los tres amigos felinos.

Continuaron con su vida gatuna normal y nadie volvió a pensar en la adopción de uno de los suyos.

Sin embargo, pronto las cosas cambiaron.

One morning about a month later, Farmer Tom entered the barn. He smiled as he scooped Tommy into his arms.

"Well Tommy, your lucky day has arrived.

Tomorrow you'll go to Dr. Heather's to finish your exam and get groomed.

The lady that wants to adopt you feels you brought good luck to her and her family when you interrupted her speech that day.

So, Tommy, enjoy your last night in the milk house. In the morning you'll say goodbye to your friends. Your life is about to change. You're moving into The White House. Lots of people say it's the best place in the world to live.

You are one lucky cat."

Una mañana, aproximadamente un mes después, el granjero Tom entró en el granero. Sonrió mientras cogía a Tommy en brazos.

"Bueno, Tommy, ha llegado tu día de suerte.

Mañana irás a la consulta de la Dra. Heather para que te examine y te prepare.

La señora que quiere adoptarte cree que has traído buena suerte a ella y a su familia cuando interrumpiste su discurso ese día.

Así que, Tommy, disfruta de tu última noche en la granja lechera. En la mañana te despedirás de tus amigos. Tu vida está a punto de cambiar. Te vas a mudar a la Casa Blanca. Mucha gente dice que es el mejor lugar del mundo para vivir.

Eres una gata afortunada".

Tommy was excited, sad, and happy. She was sad to leave her friends, the farm and, of course, Farmer Tom, who was her favorite person in the world. But she also felt happy and excited for the new adventure. She was curious about this special place called the White House. She wondered about her new people.

"They must be smart, since they know how special I am."

Tommy patted Farmer Tom's arm then stretched a wide-jawed yawn. She was overwhelmed.

Tommy estaba emocionada, triste y feliz. Estaba triste por dejar a sus amigos, la granja y, por supuesto, al granjero Tom, que era su persona favorita en el mundo. Pero también se sentía feliz y emocionada por la nueva aventura. Sentía curiosidad por ese lugar tan especial llamado Casa Blanca. Se quedó pensando en su nueva gente.

"Deben ser inteligentes, ya que saben lo especial que soy".

Tommy dio una palmadita en el brazo del granjero Tom y luego soltó un bostezo con la boca abierta. Estaba abrumada.

That night her best friends Louie and Jack stayed close to her.

They played and snuggled and tried to be happy for her.

"Farmer Tom says you are lucky and going to have a big adventure," Jack said. "But I wish you wouldn't have been so nosy that day."

Louie agreed. "We are really going to miss you."

Esa noche sus mejores amigos, Louie y Jack, se quedaron cerca de ella.

Jugaron y se acurrucaron e intentaron alegrarse por ella.

"El granjero Tom dice que tienes suerte y que vas a vivir una gran aventura", dijo Jack. "Pero me gustaría que no hubieras sido tan entrometida aquel día".

Louie estuvo de acuerdo. "Te vamos a echar mucho de menos".

The next morning Louie, Jack, and Tommy enjoyed one last breakfast of cow's milk and then said their final goodbyes.

Farmer Rick and his wife arrived and Farmer Tom picked Tommy up and put her in the truck for her journey to Dr. Heather's office.

A la mañana siguiente, Louie, Jack y Tommy disfrutaron de un último desayuno de leche de vaca y luego se despidieron por última vez.

El granjero Rick y su esposa llegaron y el granjero Tom recogió a Tommy y la metió en la camioneta para su viaje a la consulta de la Dra. Heather.

After Tommy had an overnight visit to finish her examination and to be groomed for her new family, Dr. Heather returned Tommy to Farmer Rick's house.

Handing her to Farmer Rick, Dr. Heather said, "Here is Tommi Girl. When the new family realized she was female, they changed her name to Tommi Girl. The next thing they would like you to teach her is how to be a house cat."

Después de que Tommy pasara la noche para terminar su examen y ser preparada para su nueva familia, la Dra. Heather devolvió a Tommy a la casa del granjero Rick.

Al entregársela al granjero Rick, la Dra. Heather dijo: "Aquí está Tommi Girl. Cuando la nueva familia se dio cuenta de que era hembra, le cambiaron su nombre a Tommi Girl. Lo próximo que les gustaría que le enseñaras es a cómo ser una gata doméstica".

Tommi Girl thought to herself that the name change was okay but wondered what a house cat does?

She decided to explore Farmer Rick's house.

"This is nice. I could get used to this," Tommi Girl thought, as she looked around Farmer Rick's house. "Whoa, who's this?"

Tommi Girl pensó que el cambio de nombre estaba bien, pero se preguntó qué hace un gato doméstico.

Decidió a explorar la casa del granjero Rick.

"Esto es bonito. Podría acostumbrarme a esto", pensó Tommi Girl, mientras miraba la casa del granjero Rick. "Vaya, ¿quién es éste?"

"Hi Tommi Girl, I'm Alex," said a Calico cat. "I'm Farmer Rick's house cat. I heard you were visiting. I'm supposed to show you around and teach you how to be a house cat. Just stick close by because Allie, a black Labrador, also lives here. She won't bother you after you get to know her. Plus, you need to learn how to get along with dogs. Did you know your new family has two big dogs?"

Tommi Girl shuddered. Her ears flattened against her head as she said, "Oh no. I'm going to live with two dogs? Louie and Jack were right. Why was I so nosy that day?"

"Hola Tommi Girl, soy Alex", dijo un gato calicó. "Soy el gato de la casa del granjero Rick. He oído que estabas de visita. Tengo que enseñarte los alrededores y enseñarte a ser un gato doméstico. Quédate cerca porque Allie, una perra labradora negra, también vive aquí. No te molestará cuando la conozcas. Además, tienes que aprender a llevarte bien con los perros. ¿Sabías que tu nueva familia tiene dos perros grandes?".

Tommi Girl se estremeció. Sus orejas se aplanaron contra su cabeza mientras decía: "Oh, no. ¿Voy a vivir con dos perros? Louie y Jack tenían razón. ¿Por qué fui tan entrometida ese día?".

Life as a house cat was a life of luxury.

Farmer Rick and his wife made sure Tommi Girl always had food and water in her dish. She could eat, play, and sleep anytime she wanted. Plus, Alex was so helpful. She taught her how to get along with the dog, and the rules of being a house cat.

The list of rules seemed long. Use the litter box. Don't scratch or claw the furniture and curtains. Don't knock things over. Don't bite or scratch others. And more.

La vida como gato doméstico era una vida de lujo.

El granjero Rick y su mujer se aseguraban de que Tommi Girl tuviera siempre comida y agua en su tazón. Podía comer, jugar y dormir siempre que quisiera. Además, Alex era muy simpática. Le enseñó a llevarse bien con el perro y las reglas de ser una gata doméstica.

La lista de reglas parecía larga. Usa la caja de arena. No arañar o destrozar los muebles y las cortinas. No tirar las cosas. No morder ni arañar a los demás. Y más.

One sunny winter day, Alex and Tommi Girl were relaxing in front of the television with Farmer Rick and his wife.

Farmer Rick said, "Tommi Girl, look at the TV. That's your new family. They're walking into the White House. That's where you're going to live."

Alex said. "Tommi Girl, that is one big house! You're going to have a great time exploring and living there!"

Tommi Girl stared at the television. "Yes, that's one big house, alright. And yes, that's the lady who came to the farm the day I was nosy. Who's the guy beside her? Hope he's nice."

Un soleado día de invierno, Alex y Tommi Girl estaban descansando frente al televisor con el granjero Rick y su esposa.

El granjero Rick dijo: "Tommi Girl, mira la televisión. Ahí está tu nueva familia. Están entrando en la Casa Blanca. Ahí es donde vas a vivir".

Alex dijo " Tommi Girl, ¡esa es una gran casa! Te lo vas a pasar muy bien explorando y viviendo allí".

Tommi Girl se quedó mirando la televisión. "Sí, es una casa muy grande. Y sí, ésa es la señora que vino a la granja el día en que fui a curiosear. ¿Quién es el tipo que está a su lado? Espero que sea simpático".

Time passed and one day Farmer Rick said "Tommi Girl, your new family is sending a car for you. They're all moved into their new home and they're ready to have you join them at the White House.

Farmer Tom stopped at Farmer Rick's house to say goodbye. He picked her up and nuzzled her close.

"Tommi Girl, you've been the perfect cat and I'm going to miss you. But you'll have a great life at your new home. Be good and best of luck. Always remember me and your time at the farm."

"That was sad," Tommi Girl thought. "I'm really going to miss Farmer Tom."

Pasó el tiempo y un día el granjero Rick dijo: "Tommi Girl, tu nueva familia envía un coche para ti. Ya se han mudado a su nueva casa y están dispuestos a que te reúnas con ellos en la Casa Blanca."

El granjero Tom se detuvo en la casa del granjero Rick para despedirse. La cogió en brazos y la acercó con el hocico.

"Tommi Girl, has sido la gata perfecta y te voy a echar de menos. Pero vas a tener una gran vida en tu nuevo hogar. Sé buena y ten mucha suerte. Acuérdate siempre de mí y de tu tiempo en la granja".

"Qué triste", pensó la Tommi Girl. "Voy a echar de menos al granjero Tom".

The big black car pulled into the driveway and it was time for her to say her final goodbyes.

"Alex, thanks so much for teaching me to be a house cat. Allie, thanks for being a nice dog, and if you go to the barn, tell Louie and Jack I said goodbye."

El gran coche negro entró en el camino de entrada y llegó el momento de que ella se despidiera por última vez.

"Alex, muchas gracias por enseñarme a ser un gato doméstico. Allie, gracias por ser una buena perra, y si vas al granero, dile a Louie y a Jack que me despido".

The car drove down the driveway and Tommi Girl had one final look at the farm.

"What an exciting life I've had on the farm. I can't wait to see what new adventures are ahead."

She also thought, "Maybe it's a good thing I was so nosy that day!"

El coche bajó por el camino y Tommi Girl echó una última mirada a la granja.

"Qué vida tan emocionante he tenido en la granja. No puedo esperar a ver qué nuevas aventuras me esperan".

También pensó: "Quizá es bueno que haya sido tan entrometida ese día".

Epilogue

Tommi Girl moved to the White House, where she got a new name, Willow, to go with her new life.

Her new name is the name of the First Lady's hometown. Willow found that the White House was even larger than the barn on the farm and it gave her lots of nooks and crannies to explore and places to roam.

Willow also gained two new dog siblings and has a lot of people who look after her and play with her as she roams her new home in the country's most famous address!

Epílogo

Tommi Girl se trasladó a la Casa Blanca, donde recibió un nuevo nombre, Willow, para acompañar su nueva vida.

Su nuevo nombre es el de la ciudad natal de la Primera Dama. Willow descubrió que la Casa Blanca era aún más grande que el granero de la granja y que le ofrecía muchos rincones para explorar y lugares por los que vagar.

Willow también consiguió dos nuevos hermanos perrunos y tiene un montón de gente que la cuida y juega con ella mientras recorre su nuevo hogar en la dirección más famosa del país.

About the Author

Christine Telesz Siddall was born on the farm in Volant, Pennsylvania, where Tommi Girl/Willow was born. She grew up in a happy, large, tight-knit family, many of whom have built homes on the farm's acreage. Chris graduated from Indiana University of Pennsylvania and spent thirty years in a business career in Pennsylvania, Florida, and Georgia. She and her husband, Marvin, are retired and currently live just miles away from the farm so they can be close to family. They spend their winters in Florida.

Sobre la Autora

Christine Telesz Siddall nació en la granja de Volant, Pennsylvania, donde nació Tommi Girl/Willow. Creció en el seno de una familia feliz, numerosa y muy unida, muchos de los cuales han construido sus casas en los terrenos de la granja. Chris se graduó en la Universidad de Indiana de Pennsylvania y pasó treinta años en una carrera empresarial en Pennsylvania, Florida y Georgia. Ella y su marido, Marvin, están jubilados y ahora viven a pocos kilómetros de la granja para poder estar cerca de la familia. Pasan los inviernos en Florida.

Ashley Plummer was born in 1993 to Mary and David Plummer. She grew up in Sioux Falls, SD where she developed a love for both art and horses. She started horseback riding in middle school and continued to develop that love of horses through working at the stable, volunteering at the local equine therapy program, and later teaching riding lessons during summers. She attended South Dakota State University (SDSU) where she graduated with a degree in Art Education in 2015. She now lives in Milbank, SD where she teaches high school art and enjoys spending time with her horse Oreo and working on her art. This is her third Tree Shadow Press book.

ABOUT THE ILLUSTRATOR

SOBRE LA ILUSTRADORA

Ashley Plummer nació en 1993 de Mary y David Plummer. Ella creció en Sioux Falls, SD donde desarrolló un amor por el arte y los caballos. Comenzó a montar a caballo en la escuela secundaria y continuó desarrollando ese amor por los caballos trabajando en el establo, como voluntaria en el programa local de equinoterapia y más tarde dando clases de equitación durante los veranos. Asistió a la Universidad Estatal de Dakota del Sur (SDSU) donde se graduó con un título en Educación Artística en 2015. Ahora vive en Milbank, SD, donde enseña arte en la escuela secundaria y disfruta pasando tiempo con su caballo Oreo y trabajando en su arte. Este es su tercer libro con Tree Shadow Press.

Made in United States
North Haven, CT
16 November 2022